AF339849

LE MASSACRE

DE TIEN-TSIN

ET NOS INTÉRÈTS DANS L'EMPIRE CHINOIS

PAR

P. DABRY DE THIERSANT

Extrait du CORRESPONDANT

PARIS

CHARLES DOUNIOL ET Cⁱᵉ, LIBRAIRES-ÉDITEURS

29, RUE DE TOURNON, 29

1872

LE MASSACRE DE TIEN-TSIN

ET NOS INTÉRÊTS DANS L'EMPIRE CHINOIS

PARIS. — IMP. SIMON RAÇON ET COMP., RUE D'ERFURTH, 1.

LE MASSACRE

DE TIEN-TSIN

ET NOS INTÉRÊTS DANS L'EMPIRE CHINOIS

PAR

P. DABRY DE THIERSANT

PARIS

CHARLES DOUNIOL ET CIE, LIBRAIRES-ÉDITEURS

29, RUE DE TOURNON, 29

1872

LE MASSACRE DE TIEN-TSIN

ET NOS INTÉRÊTS DANS L'EMPIRE CHINOIS

L'ambassade chinoise arrivée depuis un an en France pour présenter au gouvernement des satisfactions et des excuses au sujet du
massacre commis, le 21 juin 1870, à Tien-tsin, sur vingt de nos
compatriotes, est repartie il y a deux mois, après avoir accompli sa
mission. Le journal officiel, et tous les autres journaux après lui, ont
raconté alors sa réception officielle par M. Thiers; mais aucun, au
moins à notre connaissance, n'est revenu, à cette occasion, sur l'événement qui avait donné lieu à cette ambassade, événement grave
pourtant, mais dont la nouvelle, parvenue au milieu des terribles
préoccupations de la guerre avec la Prusse, n'avait fait que peu de
sensation. Aujourd'hui que la France commence à se reconnaître et
à songer à ses intérêts extérieurs, nous croyons le moment venu de
rechercher les causes de cette lamentable catastrophe de Tien-tsin,
et d'étudier notre situation dans l'empire chinois.

L'attaque, en 1859, des bâtiments de guerre anglo-français par
les forts de Takou, lorsque les ministres des puissances alliées re-
montaient à Tien-tsin pour y échanger les ratifications du traité du
27 juin 1858, provoqua, comme on s'en souvient, la fameuse expé-
dition de 1860, qui nous rendit, en quelques jours, maîtres de la capitale de l'empire. Le gouvernement tartare, aux abois, s'empressa
d'implorer notre pitié, et s'engagea à reconnaître ses conventions
antérieures, à nous payer une indemnité de 64 millions de francs, et
à concéder à nos missionnaires le droit de prêcher leur doctrine, ainsi
qu'aux chrétiens indigènes celui d'exercer librement leur religion.
Ces conditions étaient extrêmement douces. Loin d'abuser de notre
victoire et d'écraser le vaincu, nous lui offrîmes notre concours pour
l'aider à réduire l'insurrection des Taïpings, qui menaçait de tout

dévorer. Grâce à nous, la tranquillité fut rétablie et la dynastie des Tatsings sauvée. Or, cette intervention, qui nous a coûté un amiral et plusieurs officiers distingués de nos armées de terre et de mer, n'a servi qu'à nous aliéner la plus grande partie de la population chinoise, sans que les Tartares nous aient su le moindre gré du service immense que nous leur avons rendu.

En effet, quelques mois s'étaient à peine écoulés, que les priviléges que nous avions conquis par la force de nos armes nous étaient disputés et enlevés un à un par les autorités provinciales, pendant que le gouvernement central répondait aux plaintes de nos agents par des fins de non-recevoir, soit en niant les faits, soit en calomniant les Européens, ou le plus souvent en arguant hypocritement de sa faiblesse et de son impuissance. Rien ne serait plus curieux que le récit détaillé de tous les efforts tentés par ce gouvernement déloyal pour éluder ses engagements, décourager le commerce étranger et détruire l'œuvre des missionnaires.

Parmi les stipulations commerciales du traité de Tien-tsin, il en est quelques-unes qui, loyalement remplies, auraient contribué puissamment au développement des bonnes relations qui devraient exister entre Chinois et Européens : telles sont, par exemple, l'autorisation de voyager avec un passe-port dans toutes les provinces de l'empire, et l'exonération, moyennant un certain droit de transit, des taxes locales dont sont frappées les marchandises transportées dans l'intérieur. Les négociants étrangers voyaient dans ces deux clauses l'origine d'une ère nouvelle pour le commerce ; ils allaient enfin pouvoir pénétrer dans cette Chine, fermée jusqu'alors par des barrières infranchissables, et ils ne seraient plus victimes des tracasseries et des exactions des mandarins. Leur illusion ne fut pas de longue durée. Quand ils voulurent sortir des ports ouverts au commerce, mille obstacles insurmontables se dressèrent devant eux. Quant aux taxes locales, aucune réclamation n'est encore parvenue à faire cesser cet abus, qui ne fait même qu'augmenter de jour en jour. Nous n'en finirions pas, si nous voulions citer toutes les entraves que le gouvernement de Pékin a mises au commerce européen depuis 1860. Pour s'en convaincre, on n'a qu'à lire les mémoires adressés en 1868 à sir Rutherford Alcock, ministre plénipotentiaire de Sa Majesté Britannique, par les chambres de commerce de Changhaï et de Hongkong. Toutes deux reconnaissent que le traité de Tien-tsin fait le plus grand honneur à ceux qui l'ont élaboré, et que, à quelques modifications près, il suffirait aux besoins du présent, s'il était fidèlement exécuté. Mais toutes deux aussi demandent en même temps que, puisque les autorités provinciales persistent à ne tenir aucun compte de leurs obligations, et dans toutes les circonstances,

manifestent une animosité implacable et une mauvaise foi des plus
nuisibles aux intérêts commerciaux, des mesures énergiques soient
prises pour rappeler le gouvernement de Pékin à l'observation ri-
goureuse des conventions qui depuis dix ans sont violées chaque jour
impunément.

Les missions catholiques ont été encore plus maltraitées. Le bilan
de leurs pertes se solde par cinq missionnaires massacrés, plusieurs
centaines de chrétiens égorgés, et une quantité considérable de propriétés détruites ou pillées. Ajoutons à cela les diffamations abominables contre le christianisme, les calomnies contre ses ministres,
enfin, en dernier lieu, la sommation adressée, au mois d'août 1870,
à la France, d'avoir à inviter ses missionnaires à quitter l'empire,
avec menace, en cas de refus, d'une nouvelle hécatombe populaire.
Le mémorandum qui contient ces insolentes injonctions, et dont communication a été donnée aux représentants de toutes les puissances et à tous les prétoires de l'empire, est un lâche défi jeté à notre pays au moment où il était accablé par les revers, et en même
temps la preuve la plus évidente de la complicité du gouvernement
chinois dans le complot de Tien-tsin. Ce document, qui est signé par
le prince Kong, président du Tsonglyamen, est l'œuvre calculée du
parti antieuropéen, qui malheureusement est le plus fort, et occupe
presque toutes les hautes fonctions, soit auprès de l'empereur à
Pékin, soit dans les provinces.

Il n'y a plus en Chine de pouvoir central, dans le vrai sens du
mot. L'empereur est bien, en principe, dans l'ordre religieux comme
dans l'ordre politique, revêtu de l'autorité suprême ; sa personne est
inviolable et sacrée ; il nomme et révoque tous les magistrats. Aucune mesure importante n'est prise sans sa sanction. Mais si ses
droits et prérogatives sont immenses, il s'en faut qu'il possède,
comme l'empereur Kanghi, d'illustre mémoire, un véritable pouvoir.
Il n'unit pas, comme lui, une grande fermeté à une haute intelli-
gence ; il n'est, malgré tout son prestige et son omnipotence, que
l'instrument de la volonté des ministres d'État responsables qui,
d'après la constitution de l'empire, sont préposés à la direction de la
machine gouvernementale, comme s'exprime le texte chinois. Le
conseil privé, *Kiun-kitchou*, qui est chargé de veiller aux besoins gé-
néraux de la nation, et où se discutent les décrets, édits et ordonnances, est composé en nombre égal de Chinois et de Mantchoux.
Les mêmes éléments se retrouvent dans le *Nueiko*, ou cabinet, dont
les attributions consistent à promulguer les lois, présider à leur
exécution, et maintenir les différents pouvoirs dans de justes limites. Les six ministères (*Loupou*) ont également à leur tête deux fonctionnaires d'une nationalité différente. Par cette pondération habile,

les premiers souverains de la dynastie Tatsing espéraient, lorsqu'ils se sont emparés du trône, administrer plus facilement l'empire. Ce système d'organisation réussit très-bien dans le principe ; mais lorsque plus tard le sceptre passa entre les mains d'empereurs incapables ou abrutis par la débauche, qui abandonnèrent volontairement la direction des affaires, la balance ne pencha plus de leur côté, et depuis Tao-kouang, les Mantchoux n'ont pu que se maintenir à force de ruse et de concessions, en se pliant aux exigences des Chinois, qui, sous l'empereur actuel, encore mineur, dominent complétement. Ce sont eux qui dans ce moment commandent les armées et qui gouvernent presque toutes les provinces. Or il faut savoir qu'un vice-roi ou un gouverneur de province, protégé, comme ils le sont tous, par les amis ou alliés qu'ils ont dans le palais, jouissent d'un pouvoir à peu près indépendant. Ils administrent leur province comme ils l'entendent, se chargent du règlement de toutes les questions intérieures, de la perception des impôts de toute nature, de l'entretien des troupes, du salaire de tous les employés, etc., etc. Ils ont même, en certain temps, droit de vie et de mort. Leurs liens avec Pékin sont très-peu définis : ils sont tenus uniquement à verser chaque année au gouvernement central une somme d'argent dont le montant est fixé par un décret impérial. Ils correspondent avec les ministres sur le pied de l'égalité ; toutefois, ils peuvent être destitués, dégradés ou censurés. Quand un vice-roi est devenu trop puissant par son influence, et que la nation a les regards tournés vers lui, aussitôt, à défaut de l'empereur, tous les membres de la famille impériale et les hauts fonctionnaires tartares travaillent à le faire disparaître de la scène politique, soit en le faisant accuser de quelque prétendu crime d'État par le tribunal des censeurs, soit en l'appelant à la capitale, soit en l'envoyant guerroyer contre des rebelles qui finissent toujours par lui enlever la réputation ou la vie. En dehors de ces inconvénients inhérents à la charge, ces sortes de grands feudataires gouvernent à leur guise, et quand le prince Kong déclare aux représentants des puissances occidentales qu'il a de la peine à se faire obéir, cet aveu humiliant n'est que trop fondé. Aussi on se demande comment le gouvernement anglais, habituellement si bien éclairé, a pu renoncer volontairement à l'ancien usage de représailles promptes et énergiques, parfaitement justifiées en cas de conflit entre indigènes et étrangers, par l'esprit malveillant des autorités provinciales, la haine des lettrés et la faiblesse du gouvernement central.

Cette concession impolitique est le point de départ de la catastrophe de Tien-tsin.

Il est regrettable que le gouvernement de Sa Majesté Britannique, qui a tant d'intérêts à protéger dans cette partie du monde, ait oublié aussi vite les conseils de son ministre plénipotentiaire en Chine. « Les hommes politiques, écrivait, il y a six ans, sir Rutherford Alcock, ainsi que les philanthropes qui sont opposés au principe de recourir en certains cas à des moyens coercitifs pour faire progresser le commerce, la civilisation ou la religion, ne devraient jamais être appelés par les puissances de l'Occident à conclure de traité avec les nations de l'extrême Orient, ni choisis pour faire respecter ces traités. »

« Les traités d'amitié et de commerce avec l'Orient doivent être maintenus par la crainte et le respect qu'inspire la force employée judicieusement, aussitôt que la mauvaise foi des contractants est flagrante. Il vaudrait mille fois mieux, pour les Chinois et pour nous, renoncer d'un commun accord aux avantages stipulés que d'accepter avec résignation la violation continuelle des conventions, ou battre l'air de plaintes timides et de protestations encore plus vaines. Tout tort commis par des Orientaux qui n'est pas redressé immédiatement constitue une provocation à des injures qui, devenant ensuite des outrages, finissent par être intolérables pour les hommes les plus patients et les plus pusillanimes. »

Malheureusement, les hommes d'État de l'Occident, absorbés par les événements d'Europe, ont, dans ces derniers temps, vu la Chine autrement qu'elle n'est en réalité, et le gouvernement de Pékin en a profité pour marcher plus rapidement à son but. Lorsqu'il fut bien convaincu, par les rapports de ses agents et par les perfides insinuations de certains étrangers qu'il tient à sa solde, qu'il pouvait tout oser sans avoir à redouter une nouvelle guerre, il demanda hardiment pour la Chine à entrer dans la grande famille des nations et à être traitée d'après les principes du droit des gens et les règles internationales, promettant, en retour, de renoncer à ses préjugés séculaires et d'accepter franchement les progrès de la civilisation. M. Anson Burlingame, ministre plénipotentiaire des États-Unis à Pékin, était alors sur le point de retourner en Californie. Comme, depuis son arrivée en Chine, ce diplomate aux idées étroites, mais honnête homme s'il en fut jamais, avait parfaitement rempli les instructions de son gouvernement, qui consistaient à offrir, dans tous les cas graves, ses bons offices ainsi que sa médiation, et à défendre secrètement le gouvernement de Pékin contre les exigences ou les injustices des autres puissances, le président du Tsonglyamen, après l'avoir sondé adroitement, lui proposa le titre d'ambassadeur, avec mission d'aller en Amérique et en Europe, pour expliquer aux gouvernements de ces contrées que l'empire chinois était prêt à ouvrir ses portes aux innovations modernes, mais qu'il entendait être libre de ses actes et ne pas avoir la main forcée par qui que ce fût. Le cabinet de Washington, fidèle au rôle politique qu'il joue depuis dix ans dans l'extrême Orient, et qui a sans cesse devant les yeux l'article 30 du traité du 1er juin 1858, par lequel tout droit, privilége ou faveur accordé à une autre nation lui est assuré, s'empressa de remercier le cabinet de Pékin de la haute marque de confiance dont il se proposait d'investir un citoyen de la grande république.

M. Burlingame partit le 25 novembre 1867, accompagné de dix mandarins de rang insignifiant. L'ambassade fut bien accueillie à New-York et à Londres. Lord Clarendon, subjugué par les raisonnements captieux de l'ex-diplomate américain, et heureux de trouver l'occasion d'inaugurer son système d'abstention, adressa aussitôt un blâme formel aux consuls et aux commandants des canonnières anglaises qui s'étaient avisés d'intervenir à main armée en faveur de leurs nationaux, et prescrivit à tous les agents civils et militaires de la Grande-Bretagne en Chine d'en référer dans tous les cas au ministre plénipotentiaire de Sa Majesté Britannique à Pékin. Les Anglais résidant en Chine protestèrent énergiquement, en faisant valoir les abus continuels dont ils étaient victimes, et l'impossibilité matérielle de communiquer avec la capitale pendant la moitié de l'année. Leur voix ne fut pas écoutée, et les autorités provinciales chinoises, comptant sur l'impunité, n'eurent plus aucun respect pour les traités.

C'est alors que fut adopté par le gouvernement de Pékin le projet d'expulsion de l'empire de tous les missionnaires, catholiques ou autres. Le parti antieuropéen voulait se débarrasser une bonne fois de ces hommes de bien qui, en prêchant la vertu, sapent l'influence des mandarins, et, tout en propageant la vérité religieuse, travaillent pour l'humanité et leur patrie. Leur renvoi serait en même temps une humiliation pour cette France maudite qui refusait de céder aux suggestions de M. Burlingame, et qui, seule de toutes les grandes puissances, osait encore, après son échec en Corée — un petit pays, tributaire de l'empire — réclamer l'exécution des traités. Un instant, le parti extrême, dans sa démence, songea à comprendre dans la même proscription tous les étrangers, sans distinction aucune. Tseng-koue-fan, Ly-hong-tchang et Tso-kong-pao, commandants en chef des armées, consultés sur cette grave affaire, répondirent que leurs moyens d'action n'étaient pas à la hauteur de leurs désirs, et que les temps n'étaient pas arrivés.

La guerre écartée par cet avis, que dictait la plus simple prudence, on résolut de recourir à d'autres moyens et de poursuivre le même programme en faisant appel aux violences des masses. Des instructions furent envoyées dans ce sens à toutes les provinces. Alors reparurent ces fameux pamphlets, la plupart rédigés par des mandarins ou des lettrés, dans lesquels les étrangers, et principalement les missionnaires, vilipendés, calomniés de la manière la plus outrageante, sont signalés à la vindicte publique. Des placards incendiaires furent affichés dans les districts les plus importants, et la persécution religieuse, calmée pendant quelque temps, se réveilla plus terrible que jamais. M. l'abbé Rigaut fut massacré au Ssetchuen ; à Nanking (Ngan-hoei), l'établissement des jésuites fut pillé par les étudiants à l'époque des examens. Dans le Houpe, le Kiangsi, le Chantong, etc., un grand nombre de chrétiens furent jetés en prison, d'autres assassinés ou forcés d'abjurer. Les missionnaires protestants ne furent pas épargnés davantage : leur maison fut brûlée à Yangtcheoufou, et ils n'échappèrent à la mort que par une fuite rapide.

A cette nouvelle, la presse anglaise de Changhaï, alarmée sur le sort des intérêts commerciaux de la Grande-Bretagne, au lieu de défendre la cause des missions, crut d'une politique habile d'unir sa voix à celle de sir Rutherford Alcock contre les prêtres catholiques et les chrétiens indigènes ; et, lançant contre eux une sorte d'anathème, elle accusa les premiers d'être des agents déguisés du gouvernement français, et affecta de ne voir en eux qu'un ramassis de gens tarés et toujours prêts à s'insurger contre leur souverain légitime.

Pendant que nos excellents alliés, rompant ainsi le pacte d'amitié qui devrait toujours unir les Européens en Chine, attaquaient follement de pauvres missionnaires inoffensifs, leur consul, M. Medhurst, qui s'était rendu à Nanking avec un bâtiment de guerre pour régler l'incident de Yangtcheou, obtenait la certitude que les agents du gouvernement impérial étaient bien décidés à ne nous accorder aucune satisfaction. Quelques jours après, un Européen était assassiné non loin de Changhaï, dans un village écarté, et tous ceux qui cherchaient à pénétrer dans l'intérieur hués et même frappés par la populace. Dans le Nord, M. Ross Brown, ministre plénipotentiaire des États-Unis et successeur de M. Burlingame, à son arrivée à Tien-tsin, fut laissé sur le rivage avec tous ses bagages, et ne put rejoindre son poste qu'après mille difficultés. Le duc d'Édimbourg, un des fils de la reine Victoria, qui faisait le tour du monde sur la frégate *la Galatée*, et qui avait été reçu partout avec les démonstrations les plus flatteuses, fut éconduit dans la capitale de la Chine comme un simple mortel, tandis que le Tsonglyamen poussait l'arrogance jusqu'à vouloir, au moment de signer un traité avec l'empereur d'Autriche, imposer à Sa Majesté Impériale et Royale un titre indigne d'un souverain d'une grande puissance.

De pareils procédés ne pouvaient être que le prélude d'outrages plus graves de la part des Chinois. Un autre indice qui semblait l'annoncer fut la nomination de Tsengkouefan, vice-roi des deux Kiangs, au poste de gouverneur général du Tchili, poste moins important que celui des deux Kiangs, mais qui, par sa proximité de Pékin, permettait aux chefs du parti extrême d'utiliser plus facilement, en cas de besoin, ses talents militaires. Le choix de ce haut fonctionnaire concorda avec le départ de notre chargé d'affaires de la capitale. Le jour où notre représentant, après avoir refusé de donner son adhésion aux nouvelles stipulations du traité anglais, revisé par son collègue sir Rutherford Alcock, stipulations qui ont été rejetées par le parlement, quitta Pékin, en annonçant au ministre des relations extérieures que, fatigué de toutes ses fins de non-recevoir, et blessé en dernier lieu de son ton agressif et tranchant, il était résolu à résoudre sur les lieux mêmes les questions pendantes, les principaux chefs du parti extrême, après avoir délibéré longuement, furent d'avis que l'on tenterait un grand coup, pour prouver à la France que la Chine était au-dessus des menaces de son représentant. Malheureusement, le prince Kong et son premier ministre Ouen-Siang, découragés, ne s'occupaient plus, depuis quelque temps, des affaires, Tan venait de mourir, et les autres membres du Kiunkitchou et des Loupou qui nous étaient favorables se trouvaient trop en minorité pour s'opposer à ce projet audacieux, dont l'exécution fut confiée à un mandarin militaire nommé Chenkojoui, ex-chiffonnier du Houpe, parvenu par son courage, et avec la protection de Sankolitsin, au plus haut grade militaire, avec le titre honorifique de Ky-yong-pa-teou-lou. Chenkojoui, favori de Tsengkouefan, s'était, en outre, distingué en maintes occasions par sa haine contre les étrangers.

Il y a trois villes en Chine dans lesquelles la populace est composée en grande partie de *Kuang-kuen*, ou vagabonds de la pire espèce. Ces trois cités sont Nanking, avec ses *yong* du Hounan, milice indisciplinée et dangereuse ; Canton, avec ses milliers de pirates ; enfin Tien-tsin, avec ses portefaix des faubourgs, si renommés dans tout l'empire. A Canton, le coup prémédité n'était pas possible, le vice-roi Jouy-ling est trop honnête. A Nanking il fut tenté, mais réprimé aussitôt par le gouverneur général Ma, mahométan énergique, qui fit saisir et mettre à mort les principaux chefs du mouvement, et fut assassiné peu de temps après. Chenkojoui, battu sur ce point, après être resté quelque temps à Yangtcheou, où il ne réussit pas davantage, se rendit à Tien-tsin, où il trouva les esprits surexcités au dernier point contre les missionnaires. Depuis longtemps les lettrés, exploitant les préjugés populaires, avaient répandu le bruit que les prêtres français et les sœurs de charité faisaient voler des enfants et leur arrachaient les yeux pour en faire des préparations pharmaceutiques. Ces calomnies absurdes ont plus de prise que nous ne pourrions le supposer ici sur les masses chinoises, abruties par la superstition. Le rapt des enfants, que l'on enlève pour en faire des comédiens ou des prostituées, est assez commun dans le nord de l'empire. D'un autre côté, les directeurs de la Sainte-Enfance ont l'habitude, depuis que l'œuvre est établie en Chine, d'employer des chrétiens qui sont chargés spécialement d'administrer le baptême aux petites créatures abandonnées et mourantes qu'ils trouvent sur le grand chemin ou qu'ils achètent pour quelques sapèques. C'est en combinant adroitement le crime des premiers avec l'imprudence des autres, que les ennemis des missions sont parvenus, par une invention vraiment diabolique, à persuader aux gens bornés des villes et des campagnes que l'œuvre de la Sainte-Enfance, dont la charité chrétienne est le seul mobile, n'est en réalité qu'un moyen abominable dont certains Européens se servent à leur profit. Ces fables stupides et dégoûtantes, répétées à satiété, ont tellement d'empire sur ce peuple ignorant et fanatique, que le moindre souffle suffit pour changer les sentiments d'indifférence que leur inspirent en général les étrangers en une haine d'autant plus violente et brutale qu'elle n'est point raisonnée.

Au commencement du mois de juin 1870, plusieurs adresses, rédigées par des pinceaux exercés, furent remises au mandarin Tchong-heou, alors gouverneur de Tien-tsin, informant Son Excellence qu'un grand nombre d'enfants avaient disparu depuis peu, et que la voix publique accusait de ce crime odieux les missionnaires lazaristes et les sœurs de charité ! Tchong-heou renvoya les pétitionnaires qui, obéissant à un mot d'ordre, portèrent leurs plaintes au préfet et au sous-préfet de la ville. Ces deux magistrats, soit par peur, soit par connivence avec les chefs du complot, firent arrêter trois malheureux coolies, dont l'un, âgé de dix-neuf ans, avoua faussement devant le tribunal qu'il avait vendu une douzaine de petites filles au portier des lazaristes, nommé Ouang-seng. Le peuple demanda alors que le ravisseur fût livré sur-le-champ à la justice, et que l'orphelinat fût fouillé, ce à quoi les missionnaires s'opposèrent avec une juste indignation. Ce refus exaspéra la population, qui était travaillée chaque jour par des notables et des lettrés. Le 18, sur les invitations réitérées de notre consul, M. Fontanier, le tchefou *Tchang* publia une proclamation ambiguë, plutôt faite pour exciter les passions que pour les calmer. Notre agent s'en plaignit vivement à Tchong-heou, qui lui donna l'assurance que l'ordre public ne serait pas troublé, et qu'il en répondait. Le 20, M. Fontanier, averti par les chrétiens qui vinrent retirer une partie des enfants de l'orphelinat, et par les marchands installés près de l'établissement, qu'une

attaque des faubourgs était imminente pour le lendemain, en informa
de nouveau Tchong-heou, qui reçut le même jour une dépêche urgente du consul de Sa Majesté Britannique. Le 21 au matin, nouvelles instances de M. Fontanier auprès du gouverneur de la ville,
qui répond encore que toutes les précautions sont prises pour prévenir un mouvement populaire, ce que notre consul s'empressa de
faire connaître à notre chargé d'affaires, en lui rendant compte de la
situation. Deux heures plus tard, la boucherie commençait, au bruit
des gongs et des cloches d'incendie, et le représentant de la France,
indignement trompé et lâchement abandonné, était égorgé à quelques pas du prétoire de Son Excellence Tchong-heou et sous les yeux
du Tche-hien (ou sous-préfet) Lieou-tsie.

Nous ne reviendrons pas sur les horreurs qui se sont accomplies
dans cette journée néfaste, dont la presse a fait connaître les détails
les plus circonstanciés. Nous constaterons simplement que parmi
les vingt-deux victimes, on compte un consul de France et son
chancelier, morts à leur poste en faisant noblement leur devoir; un
interprète de la légation, avec sa jeune femme; un négociant et sa
femme, un prêtre lazariste, neuf sœurs de charité, etc., etc. Nous
constaterons également que plus de dix mille hommes ont pris part
à cette œuvre de monstrueuse iniquité, que Chenkojoui a été vu
par des témoins oculaires en uniforme, à cheval, au milieu de la populace, que le sous-préfet encourageait de son mieux les bêtes féroces qu'il avait déchaînées lui-même, enfin que plusieurs notables
chefs de corporation et lettrés ont été aperçus parmi les émeutiers,
à la tête desquels brillaient les pompiers de la ville. Quant aux autorités civiles et militaires, disons-le à leur honte, elles n'ont rien fait
pour prévenir et arrêter cet horrible massacre. Le gouvernement
central, lorsqu'il a eu connaissance de l'attentat, a montré lui-même
le cynisme le plus révoltant. Croirait-on que le premier décret impérial qui a paru au sujet de ce lamentable événement s'étendait
avec complaisance sur les méfaits des missionnaires et des chrétiens, et attribuait le massacre à un prétendu coup de revolver que
M. Fontanier aurait tiré sur Tchong-heou, et que Tchong-heou avait
imaginé pour établir son innocence. Deux jours plus tard, le croirait-on davantage? Chenkojoui était reçu à Pékin en triomphe, et
reprenait sa vie somptueuse et dissipée des anciens jours, pendant
que des éventails représentant les principales scènes du carnage
étaient vendus publiquement dans les rues de la capitale et les boutiques de Tien-tsin.

Telles sont les principales péripéties de ce terrible drame. Le gouvernement de la république, approuvant la conduite de M. le comte
de Rochechouart, son représentant à Pékin, a cru d'une bonne poli-

tique de recevoir l'ex-gouverneur de Tien-tsin, Son Excellence le mandarin Tchong-heou, envoyé comme ambassadeur par l'empereur Tong-tche, et de traiter avec lui, en prenant pour base ce qui avait été convenu entre le chargé d'affaires de France et le ministre des affaires étrangères à Pékin. Les négociations sont terminées, et le 23 décembre, l'ambassadeur Tchong-heou, admis en audience publique à Versailles par le président de la république, a remis à M. Thiers, apres un discours de circonstance auquel il a été répondu avec beaucoup d'à-propos et une connaissance approfondie des hommes et des choses, la lettre dont il était porteur de la part de son souverain, contenant ses regrets et ses excuses au sujet de l'attentat du 21 juin 1870.

Voici, d'après le journal officiel, les réparations accordées jusqu'à ce jour par le gouvernement chinois[1] : « 1º Le gouvernement chinois a fait mettre à mort vingt et un individus reconnus coupables, vingt-cinq autres ont été déportés. 2º Le préfet et le sous-préfet de Tientsin ont été dégradés et envoyés en exil. 3º Diverses indemnités, s'élevant au chiffre de 3,450,000 francs, ont été payées[2]. Elles sont destinées aux familles des victimes et à la reconstruction des édifices détruits. 4º Le gouvernement chinois fait en ce moment exécuter des travaux, aux frais de la ville de Tien-tsin, pour placer des pierres commémoratives sur les tombes des victimes et élever à l'entrée du cimetière où leurs restes sont déposés une porte monumentale sur laquelle est reproduite une réclamation officielle relatant la punition des coupables, et démentant les accusations calomnieuses répandues contre les chrétiens et les missionnaires. L'ambassadeur a fait en outre, dans les conférences qu'il a eues avec notre ministre des affaires étrangères, des déclarations, qu'on a lieu de trouver satisfaisantes, sur divers points dont le règlement définitif est du reste remis aux soins de notre légation à Pékin. »

Comme le gouvernement français n'a pas cru devoir faire connaître ces divers points, nous ne pouvons que supposer que, jaloux de l'honneur national, et éclairé comme il l'a été par ses agents, il a su exiger les satisfactions qui nous sont dues, en même temps que les garanties[3] que réclament impérieusement nos intérêts dans l'extrême

---

[1] L'opinion publique en Chine prétend que tous ces individus appartenant aux dernières classes de la société ne sont pas aussi coupables que Chenkojoui et plusieurs notables chefs de corporation ou lettrés qui ont pris une part directe au complot.

[2] Mgr Delaplace, évêque du Petchili a refusé de toucher la part qui revient à ses missions, jusqu'au règlement définitif de l'affaire.

[3] Une des meilleures garanties, suivant nous, serait d'obtenir du gouvernement chinois qu'un certain nombre de jeunes gens chinois et tartares de bonnes familles fussent envoyés en France, pour y être élevés aux frais de leur gouvernement. Ces

Orient. L'avenir nous dira le reste. Si nous sommes encore une fois dupes de la mauvaise foi chinoise, nous ne tarderons pas à nous en apercevoir; et, en tout cas, la presse anglaise, aux aguets, se chargera de nous le rappeler. En attendant, qu'il nous soit permis, en prévision de la prochaine révision du traité de Tien-tsin, de profiter de cette occasion pour dire quelques mots de l'état actuel de nos missions et de notre commerce en Chine.

II

La question religieuse est celle qui jusqu'à ce jour nous a le plus occupés dans l'extrême Orient. C'est pour venger la mort de M. l'abbé Chapdelaine qne nous avons fait la guerre de 1860, et c'est encore pour tirer satisfaction d'une nouvelle immolation de martyrs que nous négocions aujourd'hui. On a reproché souvent à la France d'avoir pris sous sa protection directe l'œuvre de la Propagation de la foi en Chine, et de s'être ainsi créé volontairement une source d'embarras qui ne sont justifiés ni par le droit des gens ni par le soin raisonné de nos véritables intérêts. Nous sommes loin de partager cette opinion. Aucune puissance, nous le savons, ne peut se permettre d'introduire sa religion dans un autre État contre le gré de celui-ci, lorsque cette religion prêche des doctrines perverses et attentatoires au progrès des peuples. Mais quand cette religion, comme le christianisme, a une fin essentiellement morale, elle a droit d'être tolérée. Le pouvoir civil n'a, dans ce cas, que le droit d'inspection suprême (*jus supremæ inspectionis*), c'est-à-dire de veiller à ce que, sous le prétexte de la religion, il ne se glisse des abus contraires au bien de l'État. Ce principe incontestable a été accepté de tout temps par les souverains de la Chine, qui n'ont pas hésité à le proclamer

jeunes gens tout en nous servant d'otages contribueraient puissamment plus tard à établir des relations plus amicales entre les deux pays. — Une trentaine, dit-on, sont déjà partis pour les États-Unis, où ils vont faire leur éducation. — Pourquoi ne jouirions-nous pas des mêmes avantages et au besoin pourquoi n'en ferions-nous pas une condition *sine qua non?* du règlement définitif de l'affaire de Tien-tsin. — Une autre garantie que nous pourrions exiger du gouvernement chinois serait l'entretien à ses frais, pendant un certain nombre d'années, de quelques régiments franco-anglais qui occuperaient Tien-tsin et deux ou trois autres points importants. La présence de ces troupes suffirait pour faire cesser les menaces continuelles des mandarins et des lettrés et ramener le calme dans les esprits. — Le pays est très-sain comme l'a prouvé la campagne de 1860.—On pourrait profiter de cette occasion pour ouvrir la Corée de concert avec les autres nations qui voudraient se joindre à nous.

dans des édits ou ordonnances authentiques. En 1690, l'empereur Kang-hi a, dans un décret qui est parvenu jusqu'à nous, autorisé la prédication de la religion du Seigneur du ciel (tien-tchou-kiao), en s'appuyant sur ce que le *véritable but de cette religion, qui, en substance, est la même que celle des lettrés et des bonzes, est d'enseigner le bien à tous les hommes et de les exhorter à le pratiquer.* Cette tolérance, supprimée un instant par des monarques inintelligents et faibles, a été reconnue de nouveau sous le dernier règne, et consacrée définitivement par le traité de Tien-tsin. Les missionnaires catholiques ont donc le droit, parfaitement établi, de propager le christianisme en Chine, en jouissant de la protection qui leur est garantie par les conventions signées par le gouvernement de Pékin. Quant à prétendre que l'œuvre des missions nous a toujours été plus nuisible qu'utile, et que les prêtres français dans l'extrême Orient ne sont autres que des fanatiques aveugles, ne rêvant que la palme du martyre, sans se préoccuper des complications dans lesquelles ils peuvent entraîner leur patrie, c'est encore là une de ces énormes absurdités que se plaisent à raconter certaines personnes ignorantes de ce qui se passe dans ces pays lointains, ou hostiles naturellement à tout ce que l'Église fait de bien dans le monde. Il n'en est pas moins vrai que sans ces hommes d'élite, qui sont trop éclairés et trop patriotes pour courir inconsidérément après une mort qui les empêcherait de remplir la tâche qu'ils se sont imposée, le nom de la France serait à peine connu dans la plupart des provinces de la Chine. Au lieu d'accuser témérairement ces hommes de bien, vrais ministres de paix et de charité qui, en répandant la vérité, contribuent largement au développement de notre influence et sont dignes de notre estime et de notre admiration, nous ferions mieux de les diriger dans leur zèle, de les encourager et de les protéger comme ils le méritent.

Le gouvernement chinois leur reproche de couvrir de leur patronage les chrétiens, la plupart gens sans vertu, qui en profitent pour malmener et opprimer le peuple, de violer les coutumes et les usages du pays, de commettre des abus et des usurpations de pouvoir, enfin de s'ingérer dans l'administration locale et de s'immiscer dans des questions en dehors de leur compétence et de leur ministère. Ces accusations, en principe, ne sont nullement fondées. Nous ne nierons pas qu'en certaines circonstances des missionnaires, entraînés par leur esprit de charité, n'aient été quelquefois dupes de leur cœur et dépassé les limites de la réserve prudente dont ils ne doivent pas s'écarter. Nous ne soutiendrons pas non plus que parmi ces deux cents et quelques prêtres, Français, Anglais, Italiens, Belges et Espagnols, quelques-uns, par

2

défaut d'éducation, n'aient, dans leurs rapports avec les autorités provinciales ou avec les notables, manqué à quelques-uns
des rites qui jouent un si grand rôle dans la société chinoise;
ou bien encore que d'autres, égarés par une foi mal comprise,
n'aient froissé les populations, en ne tenant pas assez compte
des mœurs et des usages de ce peuple, le plus vieux du monde.
Mais pour quelques faits isolés, que l'on ne peut que déplorer à
cause du caractère dont sont revêtus leurs auteurs, peut-on, en
conscience, et sans un but malveillant, incriminer tout un corps
composé, en général, de prêtres bien élevés, instruits, disciplinés,
profondément imbus de l'idée du devoir, qui sacrifient famille,
patrie et bien-être, font abnégation de leur vie même, vivent avec
le bas peuple, s'habillent comme lui et donnent les plus belles
années de leur existence à l'œuvre pénible et ingrate de la propa-
gande religieuse. Détestés par les mandarins et les lettrés, dont ils
sapent l'influence et les priviléges, ils sont estimés par les masses
et bénis par leur troupeau, lequel, il est vrai, mais pour une cause
indépendante de leur volonté, n'augmente pas en proportion de leur
zèle évangélique et de leurs efforts surhumains.

Il est un obstacle insurmontable pour eux et qui depuis plus de
cent quarante ans s'est opposé à la conversion de la Chine. Toutes
les sectes sont tolérées dans le Céleste-Empire. Depuis l'empereur
jusqu'au simple particulier, chacun est maître d'adopter la religion
qui lui plaît. Le Mantchou, qui a une croyance aveugle dans ses
Chaman; le Chinois, qui obéit à la loi de Confucius et de *Laotsée;*
le Mongol, bouddhiste zélé; le Turkestan, disciple de Mahomet;
les Juifs (hoci hoei), tous jouissent également de la liberté religieuse. La plus large tolérance existe donc; mais du moment où
les sectes touchent au culte officiel qui forme la base des institutions, elles courent le risque d'être persécutées. Autrefois, les
catholiques comptaient de nombreux prosélytes dans toutes les
classes de la société chinoise, et le gouvernement reconnaissant des
services éminents que lui rendaient les savants missionnaires de
la Compagnie de Jésus, traitait les chrétiens en fidèles et loyaux
sujets. En 1725, un fâcheux débat survenu entre les jésuites et
les dominicains au sujet du mot *tien* qui, pour les premiers représentait la divinité et pour les autres le ciel matériel, amena le pape
Clément XI à condamner comme idolâtriques et superstitieuses les
cérémonies que les mandarins pontifes incrédules d'une religion
de parade sont obligés de célébrer certains jours de l'année. L'empereur de la Chine *Yongtching* crut voir, dans cette décision du
saint-siège, un attentat à la constitution fondamentale de l'empire
et lança le premier édit de proscription contre la religion chré-

tienne. A partir de cette époque, les portes de l'église, fermées pour
les hautes classes de la société, n'ont plus pu s'ouvrir que pour les
marchands, artisans ou cultivateurs, qui, en recevant le baptême,
renoncent à tout jamais pour eux et leurs enfants aux honneurs
et aux dignités, en dehors desquels il n'y a plus, en Chine, ni considération, ni influence. Mais ce n'est pas tout: Formant une secte
de parias, continuellement suspects aux autorités qui les haïssent,
aux lettrés qui les abhorrent, les malheureux chrétiens ont toujours été en butte à mille persécutions de toute nature, contre lesquelles il leur est impossible de réagir, dans un pays où la justice
est un vain mot, et où domine la raison du plus fort. Leur seul
recours est le plus souvent leur père spirituel, comme ils l'appel-
lent, qui se trouve alors dans cette position perplexe, ou d'abandonner son troupeau en péril, ou de le défendre en bon pasteur.
Si, cédant à des prières instantes, il élève la voix en leur faveur, il
s'expose à la vindicte des populations et aux reproches du gouvernement qui l'accuse de jouer à l'agent politique; et cependant,
comme ministre du Dieu de bonté, peut-il consciencieusement
refuser ses conseils et son faible appui à celui qui l'implore,
quand il est convaincu que cet homme souffre parce qu'il a em-
brassé une religion qu'il lui a enseignée et qu'il en suit strictement
les préceptes et la doctrine?

Telle est la vraie cause de toutes les persécutions et celle du
ralentissement des progrès du christianisme en Chine. Les missionnaires, en voulant réformer les vices de cette société abâtardie,
ont attiré sur leur tête et sur celles des chrétiens des haines impla-
cables, sous le poids desquelles ils succomberont toujours, tant
qu'ils n'auront, pour les protéger, que l'art. 13 du traité du
21 juin 1858. Pour remédier à ce fâcheux état de choses, il faudrait, ou que cet article 13 fut revisé dans un sens plus favorable aux intérêts religieux, ou que la cour de Rome revînt sur
sa décision prononcée *ex cathedra*, ce qu'il ne nous est pas permis
d'espérer.

L'art. 13 du traité de Tien-tsin garantit liberté et protection à
tous les habitants du Céleste-Empire qui voudront embrasser la
religion du Christ et en suivre les pratiques. Demandons simplement comme corollaire de cet article que les chrétiens ne soient
en aucunes circonstances astreints à participer à des actes, à des
cérémonies contraires à leur religion et qu'ils puissent, comme les
autres sujets d'une religion différente, concourir à toutes les fonctions et charges de l'État. Alors, ils pourront passer leurs examens
littéraires, devenir mandarins, chefs du peuple, et leur cause sou-

tenue par des hommes forts et influents, sortis de leurs rangs, sera gagnée à tout jamais.

Reste à savoir si le gouvernement de Pékin consentira, sans une pression énergique de notre part, à nous accorder cette concession importante qui tend à modifier la constitution de l'État. L'antique polythéisme est devenu, en Chine, la religion de l'État dont le culte officiel est pour ainsi dire le symbole de la dynastie. Nul n'oserait publier ce qu'il en pense et tout citoyen est tenu de se conformer à ses prescriptions, sous peine d'être poursuivi par la loi. Ce culte officiel consiste dans les rites qui constituent la morale de la religion de l'État et dans les sacrifices aux esprits et aux mânes qui représentent le dogme fondamental, quoique très-obscur, de cette même religion. Ces sacrifices sont célébrés par l'empereur ou par les mandarins. L'empereur est le souverain pontife; mais sa suprématie est limitée par les droits et priviléges que les statuts de la dynastie confèrent à la cour des sacrifices. Il est aidé, pour tout ce qui a rapport aux cérémonies religieuses, par un certain nombre de ministres dont la plupart sont de hauts dignitaires de l'empire. Le sacerdoce exercé par les officiers du gouvernement en dehors de Pékin est dévolu aux vice-rois, gouverneurs de provinces, aux préfets des départements, des arrondissements, des districts et aux officiers municipaux délégués *ad hoc*. Le culte impérial limité à la capitale a des temples magnifiques et comprend un très-grand nombre de cultes partiels. Les ministres offrent aux esprits les grands sacrifices, c'est-à-dire des chairs d'animaux et récitent des prières fixées par la liturgie.

Dans le culte mandarinique, les oblations consistent simplement dans de l'encens; on se prosterne ensuite devant les tablettes et rien de plus. Toutes les cérémonies sont ordonnées par le code rituel. Les jours de sacrifices sont désignés et les devoirs de chacun parfaitement tracés. A chaque changement de dynastie, on examine mûrement, s'il n'y a pas quelques améliorations, c'est-à-dire quelques sacrifices nouveaux à introduire dans le culte de la dynastie précédente. Là se bornent les modifications, et l'Académie des Hanlin est chargée de conserver d'âge en âge toujours intact, le dépôt qu'elle a reçu, pendant que le ministère des rites a pour mission de veiller à ce que la loi qui protége ce dépôt soit exécutée dans tout l'empire.

En présence d'un pareil système qui domine en Chine et auquel sont soumis le souverain aussi bien que le plus humble de ses sujets, sommes-nous fondés à demander que les chrétiens soient exemptés de la règle commune? Nous n'hésitons pas à le déclarer,

au nom du principe de la liberté de conscience, admis aujour-
d'hui sans conteste par la doctrine du droit des gens. Le domaine
de la souveraineté, quelque étendu qu'il soit, ne peut embrasser la
conscience, ni imposer les dogmes de la foi. Que l'État, pour régler
l'exercice extérieur du culte public, ait des ordonnances, des statuts, cette matière touche à la police et intéresse l'ordre public,
mais on ne saurait comprendre qu'il exerçât un pouvoir quel-
conque sur les croyances religieuses ou sur la liturgie intérieure
du culte, et toute loi civile qui obligerait un citoyen à commettre
des actes condamnés par sa religion et sa conscience serait souverai-
nement injuste.

Nous sommes donc fondés en droit, et même en fait, attendu
que cette exception a été déjà reconnue dans plusieurs décrets en
faveur des chrétiens, et que tout fonctionnaire, en Chine, a un
suppléant pour le remplacer au besoin, à exiger, lorsque le traité
de Tien-tsin sera revisé prochainement, si par hasard cela n'a pas
été déjà fait, que l'art. 13 du traité du 21 juin 1858, soit modifié
ainsi qu'il suit :

« La religion chrétienne ayant pour objet essentiel d'enseigner
aux hommes la vertu, aucun empêchement ne sera apporté par les
lois chinoises, et aucune entrave ne sera mise par les autorités de
l'empire au droit qui est reconnu à tout individu, en Chine, d'embrasser, s'il le veut, le christianisme, d'en professer la doctrine et
d'en suivre les pratiques.

« Les membres de la religion chrétienne jouiront d'une entière
sécurité pour leur personne et leurs propriétés. Ils ne seront, en
aucun cas, astreints à participer à des actes, à des cérémonies ou à
des contributions d'argent contraires à leur religion.

« Les missionnaires qui se rendront pacifiquement dans l'intérieur, munis des passe-ports dont il est parlé dans l'article 8,
auront droit à une protection efficace de la part des autorités de
l'empire et seront, en toutes circonstances, traités avec la considération et les égards dus à leur ministère et à leur ho-
norabilité.

« Ils ne devront point s'ingérer dans les affaires temporelles des
chrétiens qui n'ont point trait aux choses de la religion, ni s'immiscer dans des questions soit publiques, soit privées, étrangères à
leur profession.

« Ils pourront[1], à leur gré, louer ou bien acheter, dans n'im-

---

[1] Cette concession qui se trouve stipulée dans l'article 6 de la convention addi-
tionnelle de Pékin a été oubliée dans le texte français. Il est nécessaire que ce droit
de possession soit reconnu formellement, autrement les missionnaires ne pourraient
plus résider dans l'intérieur des provinces.

porte quelle province de l'empire, au nom de la communauté
chrétienne, des immeubles ou des terrains pour y élever les con-
structions qu'il leur plaira. Tout ce qui a été précédemment écrit,
proclamé ou publié en Chine par ordre du gouvernement contre le
culte chrétien est complétement abrogé et reste sans valeur dans
toutes les provinces de l'empire. »

Examinons maintenant les dispositions qu'il conviendrait d'adopter pour renforcer ces stipulations et mettre fin à l'ère des persécutions.

Le nombre des chrétiens catholiques dans tout le Céleste-Empire est environ de 380,000, administrés au point de vue spirituel par 160 et quelques prêtres indigènes et 225 ou 230 missionnaires étrangers appartenant à diverses sociétés ou congrégations de
nationalités différentes. La Société des Missions étrangères, dont les
prêtres sont séculiers et français, se trouve représentée en Chine
par 8 évêques et 120 missionnaires. Les révérends pères jésuites et
les lazaristes, qu'on peut considérer également comme Français,
occupent, les premiers, deux missions, les seconds, quatre missions.
Six provinces sont dirigées par des franciscains et des prêtres de
Milan, tous Italiens. Le Fokien a été confié aux dominicains espagnols et la Mongolie a été donnée aux missionnaires belges.

Toutes ces missions ont vécu jusqu'à ce jour et se sont dévelop-
pées sous le patronage bienveillant de la France qui, depuis 1781,
n'a pas failli en Orient à son rôle de fille aînée de l'Église. Il existe
également dans les ports ouverts au commerce et dans quelques districts de l'intérieur des chrétiens protestants qui ont été convertis
par des missionnaires anglais, américains et allemands. Dans le Nord,
à Pékin et près de la frontière russe, on trouve aussi quelques schis-
matiques grecs. Comme on le voit, presque toutes les puissances occidentales poursuivant la mission de régénérer moralement la Chine,
mission qu'elles se sont imposée par le traité de Tien-tsin, ont jeté déjà,
dans cette société païenne, de nombreuses racines, qui promettent
dans l'avenir une ample moisson. Seulement, si l'on veut que ces 400
millions d'idolâtres, d'athées ou de sceptiques embrassent plus tôt la
vérité et renoncent à leurs cultes d'erreurs et de déceptions, il faut que
les efforts partiels des puissances européennes se réunissent en un
seul faisceau et qu'un protectorat collectif et unique couvre la liberté
de la prédication chrétienne, aussi bien que la liberté du commerce.
Les Chinois, n'en doutons pas, ne sont pas assez avancés pour faire
des distinctions de nationalités, et si des Français seuls ont été massacrés à Tien-tsin le 21 juin 1870, c'est que les victimes avaient été
désignées aux bourreaux. Nous ne sommes tous, aux yeux des populations indigènes que des diables étrangers (Yangkoueitsée), et,

pour les stupides lettrés[1], si orgueilleux de posséder quelques milliers de caractères de leur langue, nous ne serons jamais que des
yjin ou des *mantsee*, c'est-à-dire des *barbares*. En présence de pareils
sentiments, toute dispute de clocher, toute rivalité d'influence devraient cesser. Les intérêts de toutes les nations sont identiques en
Chine ; plus nous serons divisés, moins ces intérêts progresseront.
Union et concorde, action commune, telles sont les bases des instructions que les gouvernements étrangers devraient donner à leurs
représentants à Pékin. Il serait utile en même temps que les agents
de chaque gouvernement avertissent leurs nationaux qu'ils seront
protégés comme ils doivent l'être, mais que de leur côté ils doivent
éviter tout ce qui pourrait froisser ces populations dont les mœurs
et les usages doivent être autant que possible respectées.

Cela regarde particulièrement les missionnaires catholiques ou
protestants. Ceux-ci principalement, dans ces derniers temps, sti-
mulés par un zèle intempestif, ont commis des imprudences qui ont
amené des affaires très-graves, comme à Yangtchcoufou, Tong-
kouan, etc. Si, au lieu de consacrer leurs chapelles en faisant le plus
de bruit possible, ou bien si, au lieu de prêcher sur la voie publique
et de se faire moquer d'eux par leur accoutrement original, ils se
contentaient de vendre leurs Bibles, de guérir des malades[2], de publier des travaux scientifiques et de faire de la charité, ils auraient
tout autant de prosélytes et ils ne compromettraient pas ainsi la
cause générale des missions. Quant à nos prêtres catholiques, on ne
saurait trop leur recommander de se tenir en dehors des affaires ci-

---

[1] Les lettrés forment en Chine une classe d'autant plus dangereuse qu'elle est
ignorante et orgueilleuse — tout leur bagage litttéraire et scientique consiste dans
la connaissance d'un nombre plus ou moins grand de caractères chinois et dans
celle des fameux Kings ou livres sacrés qu'ils apprennent par cœur et qui leur servent à faire des compositions de rhétorique (ouen tchang). Aussi deviennent-ils
de piètres fonctionnaires et de tristes chefs du peuple. Malgré leur incapacité ha-
bituelle, comme ils sortent de tous les rangs de la société, ils jouissent d'une très-
grande influence. On aurait pu profiter de leur connivence dans le complot de Tien-
tsin pour leur donner une bonne leçon, en privant la ville du droit d'envoyer pendant
trois ou quatre ans des lettrés aux examens provinciaux.

[2] Les missionnaires catholiques ont rendu dans ces dernières années de grands services à la science. Les savants pères de la Compagnie de Jésus ont publié des travaux
très-intéressants et font dans ce moment les plus louables efforts pour montrer aux
Chinois qu'ils sont les dignes successeurs de ces hommes illustres que l'empereur
Kanghi honorait de son amitié et dont les noms sont gravés sur les mausolées à
Pékin et dans quelques villes de l'empire. Les récentes découvertes en histoire na-
turelle et en géographique que vient de faire M. l'abbé David (de la congrégation de
saint Vincent de Paul), ainsi que les nombreux envois adressés à notre Muséum et
à la Société d'acclimatation par les prêtres des Missions étrangères sont autant de
preuves que loin de leur pays nos courageux apôtres de la foi n'oublient jamais leur
chère patrie et que son souvenir est constamment présent à leur cœur.

viles qui peuvent s'élever entre chrétiens et païens, et surtout, dans ces cas, de ne pas vouloir traiter d'égal à égal avec les magistrats en se posant comme les chefs et les représentants de la communauté catholique. Le gouvernement de Pékin ne cesse de répéter que les catéchumènes ne se font inscrire que lorsqu'ils ont un procès et que les nouveaux convertis sont la plupart des gens tarés, ennemis de l'empereur.

Il ne faut pas que la moindre faute puisse donner raison à ces calomnies.

Autre chose. Pourquoi, puisque l'opinion publique demande la séparation dans les églises des hommes et des femmes, ne pas lui faire cette concession? De même, pourquoi, puisque les missions sont convaincues à juste titre que la charité est la meilleure manière de propager la foi et que le plus sûr moyen pour la préserver de la médisance est de l'exercer au grand jour, ne pas mettre les orphelinats de la Sainte-Enfance sous la sauvegarde des mandarins et des chefs du peuple? Que les portes de ces établissements soient ouvertes à des jours fixés, à des délégués choisis *ad hoc* par le premier magistrat de la ville et par les notables; que ces délégués soient rendus responsables; que les directeurs des orphelinats, instruits par l'expérience des faits et devenus plus prudents au sujet de l'administration des baptêmes, prouvent à ces délégués, en sauvant un plus grand nombre d'enfants et en leur donnant une éducation pratique et libérale, qu'ils n'ont d'autre but que de se rendre utiles au pays, alors l'œuvre de la Sainte-Enfance, délivrée des odieux soupçons qui pèsent sur elle, sera bénie par les populations, et les préjugés de la Chine contre le christianisme, vaincus par la bienfaisance, ne tarderont pas à s'effacer. La tâche que se sont imposée les courageux apôtres de la foi est loin d'être facile; mais comme elle n'est pas bornée par le temps, tout permet d'espérer qu'elle s'accomplira un jour, et que la Chine, alors sortie des ténèbres du paganisme, sera reconnaissante envers nous de l'avoir régénérée et sauvée.

III

En dehors de la question religieuse, la France a de grands intérêts à poursuivre dans l'extrême Orient. Le rang que nous occupons en Chine sous le rapport commercial n'est digne ni de l'importance, ni de la richesse de notre pays. Les causes de cette infériorité relative sont inhérentes à notre caractère qui n'aime pas les transactions lointaines et à longue échéance, à notre éducation première qui n'est plus en rapport avec les besoins modernes, à notre ignorance des pays étrangers ainsi qu'à l'indifférence qu'ils nous inspirent, à une application erronée des principes de l'économie politique, à l'instabilité de nos gouvernements, enfin à notre organisation sociale si différente de celle des Anglais et des autres peuples qui ont grandi par le commerce et lui doivent tout, prospérité et force. La subdivision des fortunes, la diminution graduelle du paupérisme, l'accroissement régulier et constant du bien-être dans toutes les classes de la société, ont contribué largement, dans ces dernières années, à augmenter notre répugnance instinctive pour l'expatriation. Aujourd'hui que des désastres terribles sont venus nous frapper au cœur, et que nous sommes obligés, par un ennemi sans pitié qui voulait nous anéantir, de lui livrer la plus grande partie de ce que nous possédons, il est temps de dépouiller le vieil homme et de chercher courageusement ailleurs ce qu'on nous enlève chez nous. Bon gré, mal gré, il est nécessaire que nous entrions franchement dans cette nouvelle voie.

Mais une chose nous manque tout d'abord, ce sont les connaissances commerciales. Combien peu parmi nous ont étudié sérieusement la géographie moderne et sont initiés aux mœurs et aux usages des autres nations ! Quant aux langues vivantes, combien l'étude en est peu répandue ! Il en est de même pour tout ce qui touche à la science commerciale, que nous croyons contenir tout entière dans notre pauvre cerveau, sans jamais l'avoir apprise. Hâtons-nous de laisser de côté des erreurs aussi préjudiciables. Les affaires exigent, croyons-le bien, autant de théorie que de pratique, et c'est dans des écoles spéciales, telles qu'il en existe en Angleterre, en Allemagne et en Suisse et que nous devons prendre pour modèles, qu'on acquiert l'instruction nécessaire pour devenir un véritable négociant.

Quelques personnes prétendent que Dieu, dans sa largesse, après nous avoir trop comblés, nous a refusé les aptitudes commerciales. Nullement, c'est parce que la nécessité ne s'en est pas fait sentir et que l'expansion de nos idées et de nos capitaux s'est portée ailleurs. Mettons-nous courageusement à l'œuvre et nous aurons bien vite repris la place qui nous revient sur les marchés du monde entier. Ne répétons plus que nous aimons trop la belle France pour pouvoir la quitter pendant quelques années ; pénétrons-nous bien, au contraire, de cette idée que ce n'est que par un labeur incessant, par des privations de toute espèce qu'on gagne aujourd'hui le bien-être et la considération que donne invariablement la fortune honorablement acquise, et que notre pays réclame plus que jamais le concours énergique de tous ses enfants.

Quand cette conviction sera passée dans les masses, nous aurons bien vite atteint le but auquel nous devons tendre. On nous a pris une partie de nos capitaux ; mais le crédit nous reste et notre industrie ne demande qu'à être poussée et dirigée. Qu'on crée des débouchés à nos manufactures, qu'on leur garantisse des bénéfices réels, et elles se décideront aussitôt à fabriquer à aussi bon marché que les Anglais des produits adaptés à la consommation des populations asiatiques. Quant à nos armateurs, ils seront prêts, aussitôt que la Chambre aura fait droit à leurs justes réclamations, à faire tous les sacrifices nécessaires pour maintenir partout l'honneur de notre pavillon marchand et aider notre commerce à lutter avec succès sur tous les points du globe.

De toutes les parties du monde civilisé, l'extrême Orient est, sans contredit, celle qui doit fixer le plus notre attention[1]. En 1869, le commerce extérieur de la Chine s'est élevé à 1,136,537,512 francs, sur lesquels les importations comptent pour 599,385,608 francs, les exportations pour 517,150,804 francs et les réexportations pour 19,999,000 francs. Les principaux articles d'importation ont été les opiums représentant une valeur de 210,259,928 francs, les cotonnades 201,671,344 francs ; les lainages 52,582,752 francs ; les articles (laine et coton) 882,880 francs ; les métaux 29,285,072 francs ; le coton 22,465,714 francs ; le riz 3,852,208 francs. Parmi les marchandises d'exportation, nous citerons le thé 316,563,888 francs, et la soie 173,733,496 francs. Le mouvement de la navigation, à l'entrée et à la sortie, comprend : 3,350 bâtiments anglais, 2,081 américains, 1,196 allemands, 106 français, 98 hollandais.

La part que nous avons prise à ce mouvement est, comme on le voit, extrêmement petite. Les Anglais occupent le premier rang, et cela dans une proportion écrasante. Les 7/8 des marchandises d'importation ou d'exportation sont en provenance ou à destination de la Grande-Bretagne et de ses colonies. C'est elle, en un mot, qui four-

[1]

COMMERCE EXTÉRIEUR DE LA CHINE.

ANNÉE.	IMPORTATION.	EXPORTATION.	TOTAL.
	francs.	francs.	francs.
1864	410,348,624	432,052,072	842,400,696
1865	494,753,464	480,437,072	975,180,336
1866	596,509,192	449,294,456	1,045,803,848
1867	554,637,928	463,165,704	1,017,803,632
1868	568,969,704	552,917,864	1,121,887,565
1869	599,385,608	537,150,804	1,136,537,512

nit presque tous les articles manufacturés que demandent les Chinois et qui reçoit en échange la majeure partie des produits de leur sol. La France et l'Allemagne n'importent encore directement dans leurs ports qu'une portion des matières premières nécessaires à leur industrie, et elles vont encore compléter leurs approvisionnements dans les entrepôts de Liverpool et de Londres. « Cette anomalie, écrivait en 1868 à notre ministère du commerce, M. Jacques Siegfried, de Mulhouse, bien extraordinaire dans un siècle comme le nôtre, a, il est vrai, beaucoup diminué dans ces derniers temps, mais n'est-il pas fâcheux que ceux de nos marchands de soie qui veulent faire des achats directs et s'exonérer ainsi des 6 à 10 pour 100 auxquels ils sont assujettis en se fournissant en Angleterre, aient encore à envoyer leurs ordres à des étrangers à Changhaï ou à Canton, et que même des maisons anglaises et américaines aient dû établir à Lyon une succursale de leur maison de Chine. Ainsi, tandis que les Allemands, les Américains et les Suisses font aux Anglais une concurrence de plus en plus accentuée pour des produits qui s'achètent ou se vendent en Angleterre même, nous, Français, non-seulement nous ne songeons pas à en faire autant, mais nous laissons encore aux autres nations le profit des approvisionnements de la France. N'est-ce pas une honte que notre commerce n'ait pas un seul représentant dans toute l'étendue de ce vaste empire qui, pourtant, est le plus grand producteur de la matière première nécessaire à notre industrie par excellence, la soie. »

Le commerce anglais a sur nous et sur les autres nations des avantages très-considérables qu'il doit aux productions de ses colonies, à la consommation par la Grande-Bretagne d'une partie des produits chinois et à l'ancienneté de ses relations en Orient. Il est évident que la culture de l'opium[1], tout en faisant la prospérité du Bengale et en

---

[1] IMPORTATION DE L'OPIUM DE L'INDE EN CHINE.

(Y compris celui entré en contrebande.)

1799-1800	4 000 chests
1829-1830	12 000 —
1839-1840	14 000 —
1849-1850	45 000 —
1850-1851	48 030 —
1851-1852	58 139 —
1852-1853	56 412 —
1853-1854	60 054 —
1854-1855	69 910 —
1855-1856	62 429 —
1856-1857	66 305 —
1857-1858	68 003 —

augmentant les recettes du budget de l'Inde, est très-profitable aux négociants anglais, auxquels elle donne la facilité de faire un commerce
d'échange qui n'exige pas un large débouché de capitaux et s'opère
plus facilement et plus fructueusement. Mais ces avantages, quelque
grands qu'ils soient pour eux, ne suffisent pas à leur assurer le monopole exclusif du commerce. Depuis que des banques nombreuses et
puissantes, parmi lesquelles nous pouvons citer avec orgueil le Comptoir d'escompte, se sont formées dans les principaux ports ouverts
au commerce, les affaires sont devenues moins difficiles et les fortunes modestes, appuyées sur un travail intelligent et persistant,
peuvent très-bien concourir avec les anciens hongs et prospérer à
leur côté. De plus, un nouvel élément est venu, dans ces dernières
années, modifier sensiblement le premier ordre de choses. Les capitaux chinois ont pris confiance et ont offert de s'unir aux capitaux
européens. Les maisons Russel et C⁰ (américaines), Pustaud et C⁰
(allemande), Siemsen et C⁰ (allemande), ne sont, à proprement parler, que des sociétés à responsabilité limitée, dont les actions sont la
plupart entre les mains des Chinois, qui participent également à
toutes les compagnies de navigation ou d'assurances établies '

1858–1859	74 707	—
1859–1860	54 863	—
1860–1861	59 405	—
1861–1862	60 012	—
1862–1863	75 331	—
1863–1864	62 025	—
1864–1865	75 128	—
1865–1866	76 863	—
1866–1867	81 750	—
1867–1868	77 225	—
1868–1869	69 200	—
1869–1870	68 900	—

Valeur estimative pour 1866.

A l'exportation de l'Inde.	fr. 150 000 000
Importé en Chine	fr. 351 435 544
Nombre de fumeurs chinois en 1866 en admettant que chacun d'eux fume en moyenne pour 114 fr. d'opium par an	3 000 000
Fumeurs d'opium indigène	2 126 272
	5 126 272

Moyenne de la vie des fumeurs, 10 ans.

Les marchands d'opium ignorent de combien de calamités ils sont les instruments en se livrant à ce trafic démoralisateur et destructeur. Avant que les populations connussent ce funeste ennemi, l'augmentation des naissances par rapport aux
décès était de 3 pour 100. Aujourd'hui elle est descendue à 1 pour 100 : le mot crime
ne devrait-il pas être inscrit en grosses lettres sur la porte de ceux auxquels on a
raison d'attribuer cette diminution. (Dʳ V. A. Medhurst.)

Changhaï et à Hongkong. Pourquoi ne profiterions-nous pas de cette tendance pour leur proposer à notre tour une association basée sur des conditions libérales favorables aux intérêts des deux contrées ? Maintenant que notre pays est doté des admirables instruments dont le commerce anglais a été pendant longtemps l'unique possesseur, tels que docks, navigation maritime à vapeur unissant l'Indo-Chine à l'Europe, institutions de crédit, etc.; maintenant que notre industrie est toute disposée à opérer les réformes indispensables à son développement, quelle raison nous empêcherait de dire aux capitalistes chinois : Nous avons de l'argent, du crédit, des moyens de transport supérieurs, nous sommes assez forts pour vous protéger si c'est nécessaire. Voulez-vous marcher avec nous? Notre gouvernement, oubliant le passé, sera heureux de cimenter cette union des fortunes de deux pays par une alliance sincère et durable. Si vous doutez de nous, envoyez en France des hommes capables et impartiaux ; nous les recevrons aussi bien que possible; nous leur montrerons ce que nous pouvons, ce que nous savons faire, et nous sommes convaincus d'avance que quand ils reviendront parmi vous, vous n'hésiterez plus à tenter l'expérience que nous vous proposons. »

Des démarches faites dans ce sens en 1869 par notre agent à Changhaï ont prouvé que ce projet serait très-réalisable, s'il était conduit avec habileté et persévérance. On en jugera par la lettre suivante, adressée à ce sujet à notre consul général par le penfenfou Tsang-tsien-tsée :

« J'ai reçu la lettre que le noble consul général m'a écrite pour me faire part du désir qu'il aurait de voir une association durable se former entre les commerçants français et les marchands chinois. J'ai reçu également de Liétay-yn (un des plus hauts fonctionnaires de la province) une note ainsi conçue : « L'entente cordiale entre les « Chinois et les Européens étant désirable entre les deux nations, et « le vice-consul Ty m'ayant prié personnellement de faire tous mes « efforts pour persuader aux marchands chinois qu'il y aurait tout « avantage à établir de bons rapports avec les marchands français, « etc., je vous charge d'examiner cette affaire. » — Aussitôt que ces deux lettres me sont parvenues, j'ai convoqué les marchands Koteyou, Yang-tsee-fang, Poynen-yen, Yong-yen-fou, On-tche-che et leurs associés. Voici ce qu'ils m'ont dit : « Les Chinois et les Européens « ont échangé des traités il y a plus de dix ans et le commerce a « pris une grande extension. A en juger par les apparences, il grandit encore. Seulement, le Chinois étant Chinois et l'Européen Européen, le commerce s'est réparti entre ces deux voies par suite « de la différence de caractère des deux races. Réunir un capital ap-

« partenant à des Chinois et à des Européens dans le but de faire un
« échange réciproque de leurs propres produits serait un nouveau
« moyen d'accroissement de valeurs et de richesses favorable aux
« deux parties. Ceux qui sont à la tête des affaires seraient d'accord,
« les deux peuples seraient en bonne harmonie. Les Chinois et les
« Européens, par suite de cette association, ne constitueraient plus
« qu'une seule famille. Tous donc sont enchantés et donnent leur
« consentement : il y a espoir et probabilité que les affaires pourront
« s'arranger ainsi. Toutefois, comme une pareille entreprise ne peut
« être tentée immédiatement à cause des malheurs dont le pays a
« été frappé et des revers éprouvés par beaucoup de marchands, il
« ne sera guère possible de la réaliser avant un an ou deux. Cela
« permettra de donner à l'examen de cette affaire tout le soin qu'elle
« comporte. » Moi, Penfenfou, je promets au noble consul général de
faire tous mes efforts pour que cette affaire s'achève le plus tôt possible et que les marchands chinois puissent s'entendre avec les vô-
tres. Je vous salue respectueusement, le 19ᵉ jour de la 10ᵉ lune. »

Les événements qui se sont passés depuis cette époque n'ont pas
permis malheureusement de poursuivre la continuation de ce projet
que nous ne saurions trop recommander à l'attention de ceux qui
s'intéressent à notre commerce dans ces pays lointains. Cette grande
Compagnie, dirigée par des Chinois et des Français, sous le patronage des deux gouvernements, n'empêcherait pas d'autres maisons
de s'établir près d'elle. Seulement, nous ne craindrons pas de dire à
nos compatriotes qui voudraient aller tenter fortune en Chine et au
Japon, que, sans capitaux, il leur sera bien difficile de réussir, que
le temps des pacotilles converties en quelques années en millions est
passé, et que le meilleur moyen de perdre son avoir, c'est d'établir
un magasin de liquides, conserves, articles de Paris, etc., et de se
restreindre à ce genre d'opérations assez mal appréciées et assez peu
lucratives en Chine. Nous ajouterons que les débuts sont pénibles,
exigent des sacrifices assez grands et leur recommanderons de suivre
l'exemple des Allemands et des Suisses qui, avant de travailler pour
leur propre compte, commencent par étudier, font de la commission et se créent de bonnes relations dans le pays[1]. Quant aux grandes maisons de Lyon, Marseille, etc., nous leur conseillerons, avant
de rien décider, d'envoyer sur les lieux des agents sûrs qui leur rendront compte de la situation. C'est ainsi qu'un des représentants

---

[1] Il serait à désirer qu'on créât un journal commercial qui tiendrait nos chambres de commerce et nos maisons de Lyon, Marseille, au courant de ce qui passe
dans l'Inde et l'extrême Orient. Les *Annales du commerce extérieur* publiées par le
gouvernement ne sont pas assez répandues et traitent du commerce extérieur en
général.

d'une maison des plus importantes du midi de la France a reconnu l'utilité qu'il y aurait pour nous à transporter notre industrie sur les lieux mêmes.

Une grande quantité de la soie produite en Chine ne trouve pas de débouchés en Europe, parce que la manière dont elle est filée la rend impropre à nos diverses fabrications. Un filage mieux approprié à cette destination lui donnerait donc une valeur très-supérieure et d'autant plus grande que celui qui l'entreprendrait se servirait de moyens plus perfectionnés. Il faudrait pour cela procéder à l'étouffage et au séchage des cocons sur les lieux mêmes de production et construire dans les districts séricicoles des filatures à la française produisant une soie plus fine, plus régulière, plus propre aux besoins de la fabrique française. Or, comme ce travail ne pourrait s'opérer ni à Changhaï, ni à Ningpo, ni à Canton, à cause de la difficulté du transport des cocons frais, des dépenses qu'il occasionnerait, de la nature de l'eau et de la cherté de la main-d'œuvre, il serait indispensable au succès de cette industrie qu'elle pût être établie au milieu des pays soyeux ou dans un endroit situé de telle manière, que les cocons des principaux districts séricicoles y fussent transportés aisément. Les autorités chinoises se sont opposées jusqu'à présent à tout établissement européen en dehors des ports ouverts au commerce, sous prétexte que cette autorisation n'avait pas été stipulée clairement dans le traité de Tien-tsin. Les Russes seuls ont pu, dans le Houpe, préparer, à une certaine distance de Hankeou, leurs briques de thé, et encore ont-ils eu souvent maille à partir avec les petits mandarins et les habitants des localités. Il serait donc nécessaire de profiter de la révision prochaine du traité pour sanctionner le droit qui nous est acquis implicitement d'élever des usines, filatures, sucreries, etc., en dehors des ports ouverts au commerce et dans un rayon déterminé. Le droit de résidence dans l'intérieur, restreint aux conditions dont nous venons de parler, nous est garanti par l'article 12 du traité anglais qui dit que les sujets anglais, désireux d'établir des maisons, magasins, églises, hôpitaux ou cimetières, soit dans les ports ouverts au commerce, soit dans *d'autres endroits*, pourront le faire librement, etc. Il est également confirmé, par les articles 8 du traité français et 9 du traité anglais, relatifs à l'autorisation pour les Européens de circuler sans passeports dans un rayon limité par cinq jours de distance de son extrémité à un port ouvert au commerce. Du reste, dans le cas dont il s'agit, en offrant au gouvernement chinois de payer pour les cocons secs destinés à l'exportation et pour la soie produite, un droit de transit de 2 1/2 pour 100 *ad valorem*, plus un droit d'exportation de 5 pour 100, nous ne voyons pas pourquoi il nous refuserait cette

concession qui ne peut être que profitable aux populations indigènes.
Le paysan, trouvant un marché facile pour l'écoulement de ses cocons, s'empressera de les vendre et y gagnera un temps précieux
qu'il dévouera à l'amélioration de l'éducation des vers à soie et à la
culture des champs qui forme la principale ressource de ces fertiles
provinces.

Cette question est très-importante, et il est à désirer qu'elle soit
résolue le plus tôt possible à Pékin ; car, en outre des filatures, plusieurs maisons françaises se proposent de créer près de Canton[1], de
Swatow et d'autres ports, des usines pour la fabrication du sucre, de
l'huile et d'autres matières premières du pays. Nous sommes en re-
tard pour le commerce en Chine, tâchons de devancer les autres
pour l'industrie ; montrons à ce vieux peuple qui est arrêté dans son
essor par des préjugés séculaires ce que peut la science moderne
pour développer la richesse d'un pays, et quand le gouvernement de
Pékin, vaincu par l'évidence ou contraint par les démarches des populations, fera appel à l'Europe pour ouvrir ses mines, construire
des télégraphes et des chemins de fer, notre place sera toute mar-
quée et nous recueillerons encore plus abondamment le fruit de nos
premiers essais.

Nous avons parlé plus haut d'un droit de transit pour les cocons
et la soie transportés dans l'intérieur. Hélas ! nous touchons là à la
grave question des taxes locales, auxquelles ont été assujetties jusqu'à ce jour les marchandises européennes, malgré les stipulations
du traité de Tien-tsin, malgré les réclamations des négociants étrangers et les plaintes des représentants des grandes puissances. Une
des plaies de la Chine, c'est la quantité innombrable de petits mandarins qui, ayant obtenu un bouton à la suite de leurs examens littéraires, ou ayant acheté une charge de l'État, vivent, en attendant
qu'ils aient un véritable emploi, au profit des uns et des autres. Depuis que les taxes de guerre (Lykin) ont été établies, et cela ne re-
monte pas loin, tous ces vampires s'en sont emparés, à toutes les
barrières des douanes, et les vice-rois ou gouverneurs des provinces,
heureux de s'en trouver ainsi débarrassés, jaloux, d'un autre côté,
des droits accordés aux commissaires des douanes européennes et
craignant leur intervention dans les branches de leur administration,
n'ont jamais voulu tenir compte des passes de transit et ont toujours fermé les yeux sur les abus de leurs subordonnés. Plusieurs

[1] La question relative à l'émigration réclame également une prompte solution
dans l'intérêt de notre marine marchande et surtout celui de nos possessions
d'outre-mer qui ont besoin d'émigrants pour le travail du sol et le développement
de l'industrie coloniale. Pourquoi ne tenterait-on pas un essai de ce genre en Algé-
rie. Nous sommes convaincus d'avance qu'il serait couronné d'un plein succès.

systèmes ont été proposés pour remédier à ce mal déclaré incurable.

Le meilleur moyen, suivant nous, serait de continuer comme par le passé, en rendant les vice-rois ou gouverneurs des provinces responsables des abus commis par leurs inférieurs et, en cas de réclamation justement fondée de la part des Européens, en obligeant le commissaire des douanes européennes à rembourser aux ayants droit les pertes occasionnées par la mauvaise foi ou les exactions des mandarins préposés aux barrières.

Il existe encore un grand nombre d'autres[1] modifications qu'il conviendrait d'apporter au traité du 21 juin 1858 ; mais comme elles ont été déjà exposées très-nettement aux représentants de la France et de l'Angleterre par les négociants français et anglais résidant en Chine et qu'elles sont connues de tous ceux qui s'occupent de ces intéressantes questions, nous nous abstiendrons d'en parler, préférant, pour terminer ce mémoire, dire quelques mots sur les avantages et les ressources que nous sommes appelés à retirer de nos établissements en Cochinchine. En nous emparant de ces provinces si fertiles, notre but n'a pas été seulement de créer une colonie de production, mais d'en faire surtout un débouché pour les produits de notre commerce et de notre industrie. Deux voies de communication peuvent nous relier à la Chine. La première, la plus directe, est celle de Mekhong, ce magnifique fleuve qui, dans une partie de son cours, porte des navires d'un tonnage considérable, mais qui malheureusement, dans certains endroits, présente à la navigation des obstacles que des travaux longs et dispendieux pourront seuls faire disparaître. En outre, le nord du Cambodge et le sud du Laos ont été tellement ravagés par les

---

[1] Il en est une cependant qui doit primer les autres, nous voulons parler de l'admission de nos ministres à l'audience impériale. Tant que les représentants à Pékin ne pourront pas présenter directement leurs réclamations ou leurs plaintes à l'empereur, il nous sera bien difficile sinon impossible d'obtenir satisfaction des autorités provinciales. Dans l'intérêt de la considération qui est due à nos représentants, cette mesure est indispensable. Tant qu'ils n'auront pas le droit d'entrer dans le palais et d'approcher le *fils du ciel*, ils ne seront pas regardés comme des mandarins de première classe. Nous ne devons pas oublier que la question d'étiquette joue un rôle très influent dans l'organisation sociale de la Chine. Quelques personnes objectent que cette concession nous sera plus nuisible qu'utile, qu'elle ne fera qu'exciter le parti antieuropéen qui domine à la cour. Il est probable en effet que dans le principe nous trouverons autour de l'empereur une opposition très-forte ; mais il n'en est pas moins vrai que nous aurons plus de chances de connaître nos véritables ennemis et de déjouer leurs mauvais desseins. Qui dit ensuite que le parti tartare qui a tout avantage à s'appuyer sur nous n'en profitera pas pour reprendre le dessus. Du reste, le président de la République a reçu l'ambassadeur Tchong-heou. L'empereur Tong-tche dès qu'il sera majeur, ne peut refuser d'admettre nos ministres plénipotentiaires.

guerres qui ont ensanglanté ces contrées au commencement de ce siècle, que le commerce serait arrêté dans son extension par ces espaces aujourd'hui presque déserts et qui se repeupleront bientôt si nous parvenons à nouer des relations avec le *Yunnan* par l'autre voie, c'est-à-dire par le fleuve qui traverse le Tongking du N.-E. au S.-O. et qui va se jeter dans la mer de Chine. D'après les relations des missionnaires, ce fleuve est navigable dans tout son parcours, et quoique son embouchure soit obstruée par quelques ensablements, des jonques de 600 tonneaux et des bateaux à vapeur d'un assez fort tirant d'eau le remontent aisément jusqu'à trois journées au-dessus de *Kecho*, la capitale du Tongking. La distance du Yunnan à la mer est de douze journées de marche pour les jonques. A l'embouchure du fleuve est situé le port de *Balay* où nous avons le droit, d'après le traité de Saïgon du 7 juin 1862, d'établir un comptoir qui servirait d'entrepôt et de débouché aux marchandises de l'ouest de la Chine et du *Tongking*, ce royaume de dix millions d'habitants, dépendant de l'empire annamite et dans lequel se trouvent en abondance les métaux les plus précieux, plusieurs mines de houille et une foule de produits très-appréciés sur les marchés de l'Europe. Le climat y est beaucoup plus tempéré qu'en Cochinchine, et en raison de l'altitude de ses nombreux plateaux, les conditions hygiéniques y sont excellentes. Le *Tongking* est borné au nord par le *Yunnan*, la province la plus occidentale de la Chine, dont le territoire comprend 250 lieues de l'est à l'ouest, et 115 du nord au sud. Cette province qui est excessivement fertile produit du riz, du froment, du maïs, du thé de première qualité, enfin de la fort belle soie. Ses mines d'or, d'argent, de plomb, de cuivre, de houille sont les plus riches du Céleste-Empire et ont été à peine exploitées. Sa population compte un très-grand nombre de mahométans dont les cérémonies diffèrent peu de celles qu'a prescrites le Koran, mais qui, par leurs croyances, se rapprochent plus du nestorianisme que de l'islamisme. Depuis 1856, ils sont en révolte ouverte contre le gouvernement chinois, et leur chef, *Tououen-Sieou*, s'est fait proclamer roi sous le nom de *Tsin-lin-ouang*, après avoir choisi pour capitale *Talyfou*, ville très-importante et rivale de Bahmehmo pour le commerce. Ces mahométans du Yunnan ne sont pas fanatiques comme leurs coreligionnaires d'Arabie ou de Turquie, considèrent les chrétiens comme des frères égarés et seraient tout disposés à entretenir avec nous les meilleurs rapports.

A côté de Yunnan, se trouvent le *Koueitcheou* et le Ssetchuen, deux autres provinces très-riches en productions de toute nature, mais principalement en soie, dont l'exportation pourrait s'élever annuelle-

ment à plus de vingt mille balles qui sont presque toutes consom-
mées dans le pays, par suite du manque de voies de communication
avec les ports ouverts au commerce européen. Les montagnes d'un
côté et les rapides du Yangtsee-kiang de l'autre sont des obstacles
tels, que les négociants indigènes préfèrent vendre sur place leurs
marchandises plutôt que de les exposer aux dangers d'un voyage
dont personne n'ose garantir les éventualités. Ces trois provinces,
dont la population est estimée à plus de 80 millions d'habitants,
sont fermées pour le commerce au reste du monde. Les Anglais,
qui le savent mieux que personne, ont cherché depuis un grand
nombre d'années et font encore tous leurs efforts, pour trouver une
route praticable par laquelle ils puissent introduire parmi ces quatre-
vingt millions de consommateurs leur opium et leurs cotonnades
de Manchester et recevoir en échange les produits de ces pays encore
inexploités. Leur rêve serait l'annexion de la Birmanie, qui les ren-
drait maîtres du cours supérieur du Mekhong et leur livrerait les
clefs ainsi que tout le monopole du commerce des provinces occidentales de la Chine. Déjà plus de la moitié de l'empire birman leur
appartient. L'œuvre du démembrement a commencé en 1826, par
le traité d'Yandabou, signé le 20 février de cette même année, ils
ont obtenu la cession des provinces d'Aracan, Yels, Tavoy, Mergui
et Tennaserim avec toutes leurs dépendances, reculant ainsi leurs
frontières jusqu'aux montagnes d'Annoupectouniou et jusqu'à la
rivière de Thalueyn. Vingt ans après, une prétendue violation de
ce malheureux traité a été suivie de la déposition du huitième successeur d'Alamprah et de la conquête du Pegu qui, depuis, a fait
partie des domaines de la couronne de Sa Majesté Britannique. Un
journal de Calcutta disait, en 1853, à propos de cette annexion :
« Nous voici maintenant en possession de toute la côte qui s'étend
de l'Indus à Junk-Ceylon ou à l'île de Jalanga et même à Singapour,
tant la distance qui sépare les deux îles est petite. L'immense territoire compris entre le 67e de longitude orientale et le 104e est
adjoint à notre empire de l'Inde. L'Irrawadi, le Mentana, et le
Menam, ainsi que leurs nombreuses branches qui se jettent dans
les golfes de Martaban et de Siam serviront à ouvrir à notre commerce des communications faciles avec les États voisins dont nos
produits alimenteront les marchés, en attendant que nous pre-
nions d'autres dispositions. Contentons-nous, pour le présent, de ce
que nos armes victorieuses ont gagné. Le commerce extérieur de la
Birmanie est entre nos mains; quant au trafic intérieur qui se fait
avec la Chine, les Shans et Siam, nous saurons en retirer tous les
avantages par nos steamers. De plus, nous n'aurons aucune des
charges que nous imposerait une conquête immédiate. »

A ce tableau exact et fidèle de la politique anglaise en 1853, nous ajouterons que si, depuis cette époque, la Birmanie n'a pas été entièrement englobée, c'est que les événements qui se sont passés dans l'Hindoustan, en Chine et en Europe, ont détourné l'attention des hommes d'État de la Grande-Bretagne. Mais lorsqu'on apprit, dans le Bengale, que toute la basse Cochinchine était déclarée colonie française, que le Cambodge était placé sous notre protectorat, enfin qu'une commission d'officiers intelligents et énergiques était chargée d'explorer le Mekhong et de reconnaître la route du Yunnan, un frémissement électrique parcourut tous les princes marchands, et, de Bombay à Changhaï, retentit un immense cri d'indignation poussé par toute la presse contre l'audacieux rival qui osait revenir disputer aux maîtres des Indes une suprématie légitimée par le temps et par la tolérance ou plutôt l'insouciance des autres nations. Sir John Laurence, gouverneur général de l'Inde, alarmé de cette explosion calculée de l'opinion publique, s'empressa de donner des instructions à ses agents en Birmanie, dans le Népaul, à Assam, etc.; aussitôt des missions d'exploration furent organisées sous la conduite d'officiers instruits et énergiques, et après de nombreuses tentatives et malgré l'opposition des Kakhiens et des Shans, tribus sauvages qui gardent les passes des montagnes bordant la frontière du Yunnan, la route par Bahmo et Mandalay jusqu'à Talyfou fut reconnue, et toutes ces contrées sont maintenant couvertes d'un réseau d'intrigues qui aboutiront dès que le gouvernement anglais modifiera sa politique actuelle. N'en doutons pas, si la Birmanie n'est pas annexée, son souverain, l'ex-prince de Mengum, sera contraint bientôt, pour garder sa couronne, d'accorder à ses dangereux et puissants voisins toutes les concessions et même l'aide qu'ils lui demanderont; alors nos possessions de Cochinchine pour lesquelles nous avons fait tant de sacrifices d'hommes et d'argent, atteintes dans leur vitalité, menacées dans leur intégrité ne constitueront bientôt plus, pour la mère patrie, qu'une colonie malsaine, d'une valeur douteuse, pouvant, à un moment donné, devenir une source de récriminations et de graves préoccupations. Mais, nous dira-t-on, que faire pour conjurer ce danger? Conclure un traité commercial avec la Birmanie, ainsi que les Anglais l'ont fait en 1867, nommer à *Ava* un agent français avec le titre de résident, titre qui a été donné à l'agent anglais, profiter de notre traité avec la cour de Hué pour créer un établissement à l'embouchure du fleuve que traverse le Tongking, puis attendre, en se rappelant sans cesse que le système de colonisation employé en Asie par la Grande-Bretagne, et qui lui a si bien réussi, a toujours consisté : à prendre de vive force une ville ou une province comme centre d'un territoire, s'agrandir sans cesse par l'annexion rapide de petits royaumes, et absorber peu à peu les princes les plus puissants qui acceptent de suite un protectorat bienveillant, ou bien dont on dissout les forces par des traités onéreux ou par des discordes intestines. Ces moyens *peuvent paraître un peu arbitraires, mais ils sont justifiés dans ces contrées*, suivant les Anglais, *par les progrès de la civilisation* et par le nouveau droit des gens intronisé par M. de Bismark.

Il fut un temps, et ce temps n'est pas très-reculé, où nous possédions en Asie les comptoirs les plus florissants. La France alors était la reine des mers de l'Inde, et l'influence de nos armes et de notre marine était telle, que toutes les nations de l'Europe, pour naviguer dans ces parages, arboraient notre pavillon qui représentait au peuple de ces contrées une sorte de nationalité collective européenne comprise sous le nom générique de Francs. Dupleix avait porté si haut la gloire de sa patrie, qu'il pouvait offrir à la couronne de France les plus riches provinces de l'Asie. La France règne ici, écrivait-il, quand elle se montre on s'incline. Malheureusement, l'immense travail de ce grand homme ne fut point apprécié par son souverain qui, peu soucieux de l'avenir, perdait gaiement son trône au milieu des joies du présent. Dupleix fut rappelé. Les traités de 1754 et 1763 furent signés, et notre prépondérance dans l'Inde, notre suprématie maritime, furent cédées à un autre peuple qui grandit en raison directe de la diminution de notre prestige et qui trouva, dans la conquête de l'Hindoustan, une source de richesses, de puissance extérieure et de sécurité intérieure. Depuis cette époque, jusqu'au jour où nous avons pris la Cochinchine, nous avons été dominés par cette pensée fâcheuse que nous n'avions ni les aptitudes commerciales, ni le génie maritime, et que les possessions lointaines n'étaient pas nécessaires à la grandeur et à la prospérité d'un pays. Les Anglais, les Espagnols, les Hollandais [1] et les Allemands eux-mêmes sont loin de partager cette opinion. Qu'on relise les journaux imprimés à la fin de la guerre à Berlin, à Dresde, à Hambourg, l'on verra ce que pensait alors cet ennemi exécré de nos établissements de l'Indo-Chine et l'on comprendra le désir immodéré de M. le prince chancelier d'annexer l'île de Formose à l'empire d'Allemagne. Cet homme d'État pressent déjà qu'avant la fin de ce siècle, les puissances européennes seront appelées à peser, dans des proportions que le passé n'a pas connues,

---

[1] Les possessions indo-néerlandaises ont contribué annuellement aux ressources budgétaires de la métropole pour 80 et 100 millions de francs.

sur les destinées politiques et économiques des populations de
l'extrême Orient qui, représentant un tiers de la race humaine, ne
pourront rester fermées plus longtemps aux progrès scientifiques
et industriels dont les races occidentales possèdent, sans conteste,
la direction et les moyens d'action. Serons-nous donc moins pré-
voyants et nous laisserons nous encore devancer? Assez d'erreurs
ont été commises ; prouvons au monde, qu'éclairés par les leçons
de l'adversité, nous en avons fini avec les illusions et que nous
sommes décidés maintenant à entrer franchement dans le domaine
de la réalité, en dehors duquel toute nation ne peut que dégénérer
et mourir promptement. Nous avons d'immenses intérêts à poursuivre dans l'Indo-Chine, les négliger, serait une faute impardon-
nable ; les abandonner, serait un suicide. Il ne suffit pas à une
nation, pour être une puissance militaire de premier ordre, d'avoir
une nombreuse armée, il faut pouvoir l'entretenir sur le pied de
paix aussi bien qu'en temps de guerre. Or, à moins que le pays ne
possède dans son sein des richesses inépuisables, il est de toute
impossibilité que, sans industrie et sans commerce, il subvienne
longtemps à de pareilles dépenses. Si nous voulons être tous sol-
dats, nous devons donc nous préoccuper des moyens nécessaires pour
alimenter nos finances, de manière à pouvoir satisfaire à ce nouvel
ordre de choses. En outre, quand nous aurons beaucoup de canons
et beaucoup d'argent, nous ne devrons pas oublier, que, quoique la
Chine renferme 400 millions d'habitants et que son sol abonde en
métaux précieux et en ressources de toutes sortes, cet empire
colossal n'a cependant pas la force suffisante pour se défendre ou
pour faire respecter son pavillon. C'est qu'il lui manque trois éléments essentiels à la grandeur et à la prospérité d'un État, à
savoir : une bonne religion, un gouvernement et des institutions
organiques en rapport avec les nécessités du présent. Quand
ces bases fondamentales de toute société font défaut à un État,
quelque populeux, quelque riche qu'il soit, il est exposé à devenir la proie des autres ou à périr dans les convulsions de la
guerre civile. Hélas! combien il nous en a coûté pour avoir mé-
connu ces principes! La perte d'une des plus belles portions de
notre territoire, sept milliards enlevés à la fortune publique, plus
de cent mille hommes égorgés, nos monuments les plus chers
incendiés par des torches françaises, notre gloire ternie, notre prestige tombé, voilà ce que nous ont valu quelques années d'erreur,
d'imprévoyance et de faiblesse. Un peu plus, notre honneur som-
brait avec la nation tout entière dans cet épouvantable naufrage.
Jamais la main du Tout-Puissant ne s'est appesantie plus sévère-
ment sur un peuple. Espérons que la leçon nous profitera, et

qu'après avoir cicatrisé nos plaies, après avoir réparé nos désastres et nos ruines, nous serons plus sages, plus prudents et plus énergiques pour combattre les mauvaises passions. Notre éducation morale est à refaire complétement. Il faut que les masses, plus instruites et plus éclairées, renoncent volontairement à ces abominables doctrines que des idéologues imbéciles ou de méchants ambitieux ont cherché à leur inculquer; il faut que chacun comprenne que nous avons tous des devoirs à remplir envers l'Être suprême, envers la patrie, la famille et nos semblables; il faut que l'on n'abuse plus de ce mot de liberté confondue trop souvent avec la licence, et que la loi, palladium de toute société, soit respectée de tous et frappe sans pitié et sans exception aucune ceux qui voudraient troubler l'ordre public et recommencer l'ère des révolutions. Il faut enfin que, devant l'intérêt général, les ambitions s'effacent, que l'amour du pays fasse cesser les inimitiés et les haines de partis et que tous ceux qui, dans notre décadence générale, ont conservé des sentiments de patriotisme, contribuent, dans la limite de leurs moyens, à cette grande œuvre de reconstitution et de régénération sociale. Maintenant quand verrons-nous la réalisation de ce beau rêve? Qu'importe! l'avenir appartient à Dieu. Fais ce que dois, advienne que pourra.

PARIS. — IMP. SIMON RAÇON ET COMP., RUE D'ERFURTH, 1.